不要独占

[英]亚尼内·阿莫斯 / 著　　[英]安娜贝尔·斯彭斯利 / 绘
[英]雷切尔·安德伍德 / 幼教顾问　　贾洪宝 / 译

写 在 前 面 的 话

如果你和朋友因需求相同而产生了矛盾,你们可以共同想办法解决问题。下面这些步骤会对你们有所帮助:

1 让每个人都说出自己的感受。
2 找出存在的问题。
3 讨论一下解决问题的不同方法。
4 选择一种大家都能接受的解决方法。

这本书中,孩子们通过商量解决了问题。读一读,学学他们解决问题的方法吧!

操场上

午间休息时，男孩们都在操场上踢球。

"快点儿!我来守门!"南森喊道。

迈克尔使劲把球踢了出去,西奥把球顶给了本,他们满场飞跑。

"给我!给我!"南森喊道。

利亚姆、梅甘和霍利也到操场上来玩。

"我们玩'追赶'游戏吧,"利亚姆建议,"谁先跑呢?"

利亚姆和梅甘追着霍利跑。这时,南森把球踢了过来,球停在了利亚姆和梅甘前面。

"对不起!"本喊道,"把球踢给我!"

　　利亚姆把球踢给了本,继续和梅甘、霍利做游戏。
　　过了一会儿,足球又飞了过来,这回落到了梅甘的头上,把梅甘砸疼了。

"瞧瞧你干的好事!"霍利冲着南森嚷道。
"走开!"南森回敬说,"我们正玩得高兴呢!"

现在,梅甘、利亚姆和霍利觉得很扫兴。

"他们把地方全占了。"梅甘抱怨说。

"要不我们到那边的角落里去玩点儿别的?"利亚姆建议道。

"不,为什么非得我们让开?"霍利生气地说,"这是个问题,一定要解决。"

霍利请凯茜老师过来帮忙,男孩们也聚了过来。
老师问道:"你们能告诉我发生了什么事吗?"

"我们只是在踢球。"西奥解释道。
"但你们把地方占了,我们没地方玩了。"霍利反驳说。

"你们一起用这块地方,怎么样?"凯茜老师问,"谁有好主意?"

"他们可以和我们一起踢足球。"南森提了一条建议。
"绝不!"霍利和利亚姆一起大声反对。

  梅旦一直在认真地想这个问题。
  "画一道线怎么样?"她终于开口了,"我们在地上画一道线,你们在左边踢球,我们在右边玩游戏!"

迈克尔皱着眉说:"有时球会弹到右边去。"

霍利笑了:"偶尔弹过来也没关系,但最好注意一下,不要砸伤人。"

"那就试试吧!"南森说着就跑去找粉笔。

过了一会儿，凯茜老师来看看这个办法是否有效。霍利冲着她举起了大拇指，而这时迈克尔正好射进了一个球。看来，大家玩得都很高兴。

园艺课

今天是园艺日,全班同学都在学校的花园里上课。凯茜老师示范了怎样用耙子松土,又教给大家种植花草的方法。
"好,现在轮到你们了。"她对孩子们说。

   艾丽斯、汤姆和利亚姆干得很快——艾丽斯负责挖土，汤姆和利亚姆负责栽种，他们很快就种了六棵樱草花。

希塔和迈克尔干得很慢,他们一直很小心,怕碰伤了植物的根。

现在，希塔和迈克尔开始移植第二棵。

"我们该把它种到哪儿呢？"迈克尔问道。

"种那儿，那条小路的边上，行吗？"希塔建议。

"汤姆和利亚姆早就把那儿占上了。"迈克尔说。

"那么这儿怎么样?"希塔问。
"这儿也被他们占了,瞧啊!"迈克尔指给她看。

希塔向后退了几步。
"当心!"艾丽斯喊道,"我们在这儿呢!"

迈克尔失望地坐到了地上。
"我们没地方种了!"他沮丧地说。

"我们去和他们说说,得分点儿地方给我们啊。"希塔说,"走吧!"

她走向艾丽斯、汤姆和利亚姆。

"我们没有地方了,"她说,"你们占了整个花园!"
"我们不是故意的!"汤姆回答。

希塔说:"我们得先弄清楚每组应该在哪儿种,然后再干。"

"好吧!"利亚姆赞同道,"你们在那块地方种——就是墙旁边的那块,我们在这边。"

艾丽斯和汤姆点了点头。

"好吧!"迈克尔也同意了。

午饭时间到了,所有的种植任务也都完成了。

"看啊,我们干得多棒!"大家高兴地把自己种的植物指给凯茜老师看。

学会解决问题

当你和自己的朋友一起专心地学习或游戏时,就容易忽视其他人,比如你们独占全部地方而忘记和别人分享,这样就会使别人不高兴。

　　如果有人不高兴了，大家就应该停下来、讨论一下，尽可能地通过商量来找到解决问题的办法。

图书在版编目（CIP）数据

不要独占 /（英）阿莫斯著；贾洪宝译 . — 北京：知识产权出版社，2016.1

（我能管好自己）书名原文：Why not share？

ISBN 978-7-5130-3306-0

I. ①不… II. ①阿… ②贾… III. ①品德教育 — 儿童教育 — 家庭教育 IV. ① G78

中国版本图书馆 CIP 数据核字 (2015) 第 013666 号

First published in the United Kingdom by Cherrytree Books,2000
Copyright©Evans Brothers Ltd.
This edition published under licence from Pila Books Limited.
This edition is only available for sale in Mainland China.

责任编辑：李 潇	责任校对：谷 洋
装帧设计：于 静	责任出版：刘译文

我能管好自己 ⑮

不要独占

[英] 亚尼内·阿莫斯 著　　[英] 安娜贝尔·斯彭斯利 绘
[英] 雷切尔·安德伍德 幼教顾问
贾洪宝 译

出版发行	知识产权出版社有限责任公司	网　　址	http://www.ipph.cn
社　　址	北京市海淀区马甸南村 1 号	邮　　编	100088
责编电话	010-82000860 转 8133	责编邮箱	elixiao@sina.com
发行电话	010-82000860 转 8101/8102	发行传真	010-82000893/82005070/82000270
印　　刷	北京中科印刷有限公司	经　　销	各大网上书店、新华书店及相关专业书店
开　　本	787mm×1092mm 1/16	字　　数	40 千字
版　　次	2016 年 1 月第 1 版	印　　张	2
ISBN 978-7-5130-3306-0		印　　次	2016 年 1 月第 1 次印刷
京权图字 01-2015-0598		定　　价	9.00 元

出版权专有 侵权必究
如有印装质量问题，本社负责调换。